SOCIÉTÉ CENTRALE DES ARCHITECTES FRANÇAIS

FONDÉE EN 1840 — AUTORISÉE EN 1843

DÉCLARÉE D'UTILITÉ PUBLIQUE PAR DÉCRET DU 4 AOUT 1865

COMMENTAIRES DES ARTICLES

DU

CODE CIVIL

RELATIFS AUX

RÉPARATIONS LOCATIVES

EXTRAIT DE LA 3ᵉ ÉDITION

DU

MANUEL DES LOIS DU BATIMENT

(3 VOLUMES IN-8°)

PARIS

H. DELARUE ET Cⁱᵉ, LIBRAIRES-ÉDITEURS

5, RUE DES GRANDS-AUGUSTINS, 5

1901

SOCIÉTÉ CENTRALE DES ARCHITECTES FRANÇAIS

FONDÉE EN 1840 — AUTORISÉE EN 1843

DÉCLARÉE D'UTILITÉ PUBLIQUE PAR DÉCRET DU 4 AOUT 1865

COMMENTAIRES DES ARTICLES

DU

CODE CIVIL

RELATIFS AUX

RÉPARATIONS LOCATIVES

EXTRAIT DE LA 3e ÉDITION

DU

MANUEL DES LOIS DU BATIMENT

(3 VOLUMES IN-8°)

PARIS

H. DELARUE ET Cie, LIBRAIRES-ÉDITEURS

5, RUE DES GRANDS-AUGUSTINS, 5

1901

CODE CIVIL, ARTICLES 1730, 1731, 1732, 1754, 1755 & 1756

1730. — S'il a été fait un état des lieux entre le bailleur et le preneur, celui-ci doit rendre la chose telle qu'il l'a reçue, suivant cet état, excepté ce qui a péri où a été dégradé par vétusté ou force majeure.

Civ. 555, 1728, 1731 à 1735, 1755.

<table>
<tr><td>État des lieux.</td><td>

I. — (*a*). L'état des lieux est un acte qui donne la description de la chose louée, dans toutes ses parties. La forme et la qualité de chacune de ces parties, la matière dont elle se compose, la place qu'elle occupe, l'état de conservation dans lequel elle se trouve y sont énoncés en détail. Tout ce qui présente quelque particularité y est mentionné d'une manière spéciale.

(*b*). Cet état doit être dressé en double expédition. Il peut, utilement, être accompagné de plans.

</td></tr>
<tr><td>Utilité de l'état des lieux.</td><td>

II. — (*a*). L'état des lieux peut être utile au bailleur ; il constate son droit de propriété sur toutes les parties de la chose louée.

(*b*). Il est indispensable au preneur : il constate les défectuosités de la chose louée qui, faute de cette constatation, est présumée être en bon état, ainsi qu'il est dit à l'art. 1731.

</td></tr>
<tr><td>Paiement des frais.</td><td>

III. — (*a*). Le droit d'exiger l'établissement d'un état des lieux appartient également au bailleur et au preneur.

(*b*). Cet état est souvent dressé par les soins du bailleur et vérifié par le preneur, mais l'inverse s'expliquerait mieux.

(*c*). Il est de règle que les frais et honoraires de cet acte soient à la charge du preneur comme le coût du bail lui-même dont il n'est que le complément ; mais le bailleur qui prend l'initiative de faire dresser l'état des lieux doit faire l'avance des frais qu'il entraîne, sauf son recours contre le preneur pour se faire rembourser ce qui incombe à celui-ci.

</td></tr>
<tr><td>Dégradations survenues pendant le bail.</td><td>

IV. — (*a*). Le bailleur ne peut contraindre son locataire à exécuter les réparations locatives quelconques qui peuvent devenir nécessaires pendant la durée de la location.

(*b*). Mais il peut l'y contraindre si la non-exécution de ces réparations locatives est de nature à nuire à la chose louée.

(*c*). Il a le droit de faire constater les dégradations qui surviennent pendant l'occupation, en vue des réclamations qu'il aura à produire à l'expiration du bail.

</td></tr>
<tr><td>Compensations non recevables.</td><td>

V. — (*a*). Le locataire ne peut contraindre le bailleur à lui tenir compte des impenses *somptuaires* ou simplement *utiles*, faites dans les lieux loués, encore qu'il en soit résulté des améliorations.

(*b*). Il ne peut non plus le forcer à accepter ces améliorations en compensation des réparations dont il peut être tenu.

(*c*). Il n'en serait pas de même si ces impenses étaient *nécessaires*. (*Bourges*, 3 juin 1840.)

</td></tr>
<tr><td>Le preneur peut enlever, non détruire.</td><td>

VI. — (*a*). Dans le cas où le preneur ne peut exiger le remboursement de ses impenses il a le droit d'enlever ce qui peut être enlevé, à charge toutefois de rétablir la chose dans son état primitif. (*Dal.* c. c. an.)

</td></tr>
</table>

(*b*). Mais il n'a pas le droit de détruire des peintures pour remettre les lieux dans l'état où ils étaient primitivement, nul ne pouvant nuire à autrui sans intérêt pour soi-même. (*Lyon*, 13 janv. 1875. — *Ibidem*.)

Choses incorporées au fonds.

VII. — (*a*). S'il s'agit de choses que le preneur a incorporées au fonds, qu'il y a attachées à perpétuelle demeure, comme des arbres, des constructions, etc., le propriétaire a le droit de conserver les améliorations en offrant au preneur de lui en payer la valeur. (*Dal.* c. c. an.)

(*b*). Si des constructions ont été élevées par le preneur, le bailleur est tenu : ou de les laisser enlever à l'expiration du bail, sauf indemnité de remise des lieux dans leur état primitif, ou de rembourser au preneur le prix des matériaux et de la main-d'œuvre des constructions. (*Cass.* 1er juil. 1851.)

(*c*). Et, si le bailleur opte pour cette dernière solution, il doit, avant l'expiration du bail, en avoir dénoncé l'intention au preneur. (*Cass.* 8 mai 1877.)

Délai d'exécution des réparations locatives.

VIII. — (*a*). Le locataire doit exécuter les réparations locatives qui sont à sa charge pendant le temps de l'occupation, de façon que les lieux soient tels qu'il doit les rendre, le jour où sa location prend fin.

(*b*). A Paris il peut profiter, pour le faire, du délai de huitaine ou de quinzaine qui lui est accordé par l'usage. (Voir *Commentaire*, art. 1728, § II, *b*.)

(*c*). Faute d'exécution desdites réparations dans le délai prescrit, le locataire peut être passible de dommages-intérêts envers le propriétaire. Tel est le cas lorsque ce propriétaire, par suite du mauvais état dans lequel les lieux lui sont rendus, est empêché de contracter une nouvelle location, ou encore lorsque, par ce fait, il manque aux engagements qu'il a pris.

(*d*). Le propriétaire peut les exiger avant l'enlèvement des meubles, qui constituent sa garantie.

(*e*). Si, au cours du bail, elles acquièrent une importance telle que le mobilier soit insuffisant à les garantir, le bailleur peut prétendre à des sûretés conventionnelles : gage, caution, consignation, etc.

Délai expiré : estimation des réparations.

IX. — (*a*). Le locataire qui n'a pas fait procéder à l'exécution des réparations qui lui incombent, dans les délais de son contrat, n'a plus la faculté d'introduire dans les lieux ses ouvriers pour exécuter ces réparations. Son droit d'y pénétrer finit avec la convention qui l'en constituait locataire.

(*b*). Dans ce cas, les réparations doivent être estimées, et le montant de cette estimation doit être payée par le locataire sortant.

(*c*). A l'estimation des réparations doit s'ajouter, abstraction faite des dommages-intérêts dont il est parlé § VIII, *c*, la valeur de la location pendant le temps nécessaire pour l'exécution des travaux.

1731. — S'il n'a pas été fait d'état des lieux, le preneur est présumé les avoir reçus en bon état de réparations locatives, et doit les rendre tels sauf la preuve contraire.

Civ. 1720, 1730, 1754 à 1756.
Cass. 1er juil. 1851.

Gros entretien.

Lorsqu'il n'a pas été fait d'état des lieux, et s'il s'agit de réparations de gros entretien, c'est au propriétaire qui prétend que les dégradations sont le fait du locataire, à prouver que la maison était en bon état au moment où il l'a livrée. (*Dal.*, c. c. an.)

1732. — Il répond des dégradations ou des pertes qui arrivent pendant sa jouissance. à moins qu'il ne prouve qu'elles ont eu lieu sans sa faute.

Civ. 1728, 1735, 1755.
Loi du 25 mai 1838, art. 4. (*Compétence des juges de paix.*)
Cass. 8 mai 1877.

Rétablissement des lieux en l'état primitif.

I. — Lorsqu'un locataire a, pour sa convenance, changé la forme de la chose louée, par exemple pour l'approprier à l'exercice de sa profession ou de son industrie, il doit à la fin du bail la rétablir en son état primitif.

Réparations entraînant dépréciation.

II. — Certaines dégradations même bien réparées peuvent donner ouverture à une indemnité de dépréciation ; tel serait, par exemple, le cas, dans une façade en pierres de taille, de trous bouchés à l'emplacement de scellements enlevés.

Délais d'exécution.

III. — Les principes relatifs aux réparations locatives, énoncés pour les délais d'exécution au *Commentaire* de l'art. 1730, § VIII, et pour l'époque de cette exécution au *Commentaire* de l'art. 1754, § I, *d,* sont applicables aux dégradations visées par l'art. 1732, ainsi qu'aux modifications et transformations faites par le locataire.

Évaluation des dégradations.

IV. — L'évaluation des choses dégradées doit être faite en raison de la valeur au moment du remboursement et non en raison du coût du remplacement ; c'est-à-dire en tenant compte de la différence de valeur qui existe entre un objet neuf et un vieux, tant en raison du temps qui s'est écoulé entre sa création et son évaluation, qu'eu égard aux dégradations de toute nature qui ont pu l'atteindre pendant cette période de temps.

Ingérence du propriétaire dans les réparations.

V. — (*a*). Toutes les fois que le propriétaire a un intérêt légitime à procéder par lui-même à la réfection des dégradations, il est fondé à y prétendre, sans préjudice de tous dommages-intérêts, s'il y a lieu.

(*b*). Il peut aussi exiger de son locataire des sûretés du paiement des travaux, car le mobilier du locataire n'est pas affecté par privilège à cette nature de garantie. (Art. 2102.)

1754. — Les réparations locatives ou du menu entretien dont le locataire est tenu, s'il n'y a clause contraire, sont celles désignées comme telles par l'usage des lieux, et, entre autres, les réparations à faire :

Aux âtres, contre-cœurs, chambranles et tablettes des cheminées ;

Au récrépiment du bas des murailles des appartements et autres lieux d'habitation, à la hauteur d'un mètre ;

Aux pavés et carreaux des chambres, lorsqu'il y en a seulement quelques-uns de cassés ;

Aux vitres, à moins qu'elles ne soient cassées par la grêle, ou autres accidents extraordinaires et de force majeure, dont le locataire ne peut être tenu :

Aux portes, croisées, planches de cloison ou de fermeture de boutiques, gonds, targettes et serrures.

Civ. 1720, 1731, 2732, 2755, 2102.
Loi du 25 mai 1848, art. 5. (*Compétence des juges de paix.*)
Cass. 24 nov. 1832.

Réparations
locatives :
dues même en
l'absence de fautes
ou d'abus.

I. — (*a*). L'entretien de la chose louée comporte deux parts : le gros entretien à la charge du bailleur (art. 1720) et le menu entretien à la charge du preneur (art. 1754, sous la réserve énoncée à l'art. 1755). Or si le bailleur est contraint de « délivrer la chose en bon état de réparations de toute espèce » (1720), le preneur est obligé aux « réparations locatives ou de menu entretien » (1754). Elles sont dues par lui *quand même elles ne proviendraient pas d'une faute de sa part*. De minime importance, elles résultent des soins qui s'imposent à un bon père de famille. Si telle, en effet, n'avait pas été l'intention du législateur il se serait abstenu d'édicter l'art. 1754, et se serait borné à l'art 1732 : « Le locataire répond « des dégradations ou des pertes qui arrivent pendant sa jouissance, à moins « qu'il ne prouve qu'elles ont eu lieu sans sa faute. »

(*b*). Ainsi le locataire est non seulement tenu des négligences, fautes et abus de jouissance qu'il a pu commettre ; mais encore des réparations de menu entretien, bien qu'elles ne proviennent pas de sa faute. Il les doit encore qu'il n'ait pas mésusé et qu'il ait joui en bon père de famille. L'origine de cette obligation réside dans ce fait : que le plus souvent le locataire connaît seul ces menues réparations, qu'il peut aisément les faire, qu'il peut y procéder en temps opportun et que, parfois enfin, si elles étaient différées, elles se transformeraient en réparations de gros entretien.

(*c*). Les réparations locatives sont censées occasionnées par l'usage même de la chose (*Fenet*, travaux préparatoires du Code civil, t. XIV, p. 333.)

(*d*). Cependant c'est seulement dans le cas où l'ajournement des réparations est nuisible à la chose louée, que le propriétaire peut les exiger en cours de bail. Tels seraient par exemple, le cas de ramonages différés, de vitres brisées laissant pénétrer l'eau, de locaux mal tenus envahis par la vermine ou les insectes, de sols endommagés dont les érosions ne pourraient que s'étendre, etc.

(*e*). Si le défaut d'entretien n'a pas pour conséquence, par sa nature, d'aggraver l'importance des réparations, il est loisible au locataire de les différer.

Terminaison des
réparations
locatives.

II. — L'époque de la terminaison des réparations locatives et les conséquences du retard à les exécuter sont indiquées au *Commentaire* de l'art. 1730, § VIII.

Indemnité
pécuniaire.

III. — L'exécution des réparations, dues par le locataire dont la location expire, peut toujours être remplacée par une indemnité pécuniaire à payer au bailleur.

Réparations
locatives
et transformations
faites par locataire :
distinction.

IV. — (*a*). Par un abus d'expression on désigne généralement dans le langage courant sous le nom de « *réparations locatives* » tous les travaux à faire par un locataire arrivé à fin de jouissance ; aussi bien les réparations locatives proprement dites ou consécutives à des dégradations, que les remises en l'état primitif de transformations insolites.

(*b*). Il importe cependant de dissiper cette confusion et d'établir une distinction.

(*c*). Pour les premières, *réparations locatives et dégradations*, la présomption s'établit contre le locataire, c'est à lui qu'incombe de faire la preuve des circonstances aptes à le décharger ; l'action qu'elles entraînent est de la compétence du juge de paix — quelle que soit l'importance des réparations locatives, et jusqu'à concurrence de 1500 francs pour les dégradations (*Pro.*, art. 3; *Loi* du 25 mai 1838, art. 5).

Pour les secondes, au contraire, *transformations insolites*, c'est au propriétaire à démontrer qu'elles sont du fait de son locataire et l'action qu'elles entraînent est de la compétence du tribunal de première instance.

Réparations aux parties communes à plusieurs locataires.

V. — (*a*). Si un immeuble est occupé par plusieurs locataires, les réparations aux parties destinées à l'usage commun sont à la charge du propriétaire.

(*b*). Mais l'auteur connu d'une dégradation à ces parties en est responsable.

(*c*). Le principal locataire est tenu, dans les parties communes à plusieurs locataires, de l'entretien qui incombe au locataire exclusif.

Destruction par vice de la matière.

VI. — Si le locataire peut faire la preuve que l'objet qu'il a charge d'entretenir a été détruit par un vice de la matière ou par un défaut de fabrication, il en est déchargé comme aux cas de destruction par vétusté ou force majeure prévus par l'art. 1755.

Améliorations non imputables en diminution des réparations locatives.

VII. — Le locataire qui a fait dans la chose louée des additions telles, par exemple, que sonnettes, téléphones, canalisations diverses, plaques de propreté, etc., de même que celui qui laisse des améliorations, n'est pas fondé à les imposer en diminution des réparations locatives qu'il peut devoir. (Voir *Commentaire* art. 1730, § V.) Il peut même être contraint à l'enlèvement de ces améliorations.

Honoraires afférents aux travaux de réparations locatives.

VIII. — (*a*). Aux évaluations de tous travaux à la charge du locataire doivent être ajoutés les honoraires afférents à la direction de ces travaux.

(*b*). Mais les frais de l'établissement du compte de ces réparations sont à la charge du propriétaire.

L'art. 1754 n'est pas limitatif.

IX. — (*a*). L'art. 1754 n'est pas limitatif, l'énumération qu'il contient, des réparations qui doivent être réputées locatives, n'est donnée qu'à titre d'exemple (*Dal.*, c. c. an.).

(*b*). De nombreux objets, de natures très diverses, qu'on ne recontrait guère dans les habitations à l'époque où le législateur a édicté le Code civil, d'autres alors totalement inconnus, sont mis aujourd'hui à la disposition des locataires. Il en résulte que la responsabilité de ces derniers, en ce qui concerne l'entretien locatif, a été notablement étendue, mais elle n'a pas été modifiée dans son principe.

Classification des réparations locatives.

X. — L'énumération de l'art. 1754 a néanmoins servi de base à la classification qui va suivre des diverses réparations locatives, soit que celles-ci rentrent dans cette énumération soit qu'elles ne s'y rattachent que par analogie.

Fumisterie, marbrerie.

XI. — (*a*). L'indication relative aux *âtres, contre-cœurs, chambranles et tablettes de cheminées* dont est tenu le locataire, s'étend, pour les appareils de chauffage de toute nature, tels que cheminées, poêles, fourneaux, calorifères, forges, etc., à tout ce qui est atteint ou peut être atteint par le feu, elle s'étend aussi aux parements extérieurs de ces appareils.

(*b*). Cette indication comprend donc : les éléments des foyers : carrelages, plaques de fonte ou de terre réfractaire, briques et leur jointoiement, cloches, grilles, portes ou rideaux, encadrements, croissants, appareils tubulaires, etc. ; les éléments des cendriers : tiroirs, bassins, etc. ; les accessoires des calorifères : trappes, tampons de ramonage, bouches de chaleur, clefs de manœuvre et leurs étiquettes ; les accessoires des fourneaux : coquemars, grillades, réchauds, portes d'étuve, panaches de couvercle, clefs, boutons, coquilles, etc. ; les revêtements en plaques ou carreaux de faïence.

(*c*). Elle comprend les parties mobiles qui dépendent de ces appareils, telles que plaques de coup de feu, rondelles, grilles, couvercles de réchaud ou autres, etc.

(*d*). Elle comprend aussi les façades et tablettes d'appareils et leurs plaques de foyers, en marbre, faïence ou terre cuite, en fonte, fer ou tôle, leurs ceintures, agrafes, etc.

(*e*). Il peut y avoir lieu, cependant, pour les plaques de foyer, — pour celles en marbre notamment, — de distinguer entre un bris accidentel et celui produit par une cause inhérente à la construction, un tassement par exemple, qui ne saurait être mis à la charge du locataire.

(*f*). La réparation d'une fuite et de ses conséquences, provenant d'un calorifère à vapeur ou à eau, dont le service n'est pas fait par le locataire, n'incombe pas à celui-ci, s'il n'a pas mis obstacle aux réparations à effectuer. (Voir *Commentaire* art. 1726, § X, *b*, *c*.)

(*g*). Le locataire est tenu de procéder aux ramonages et aux nettoyages, ils doivent avoir lieu aussi souvent que cela est nécessaire pendant la durée de l'occupation, et spécialement en fin de jouissance.

(*h*). En cas de tuyaux de fumée dits unitaires, recevant la fumée de plusieurs foyers placés à des étages différents et dépendant de locaux loués à plusieurs locataires, le ramonage doit, par exception, en être fait par le propriétaire aux frais des locataires.

(*i*). Le locataire est tenu de toutes les conséquences d'un feu de cheminée, à moins qu'il ne fasse la preuve que ce feu provient d'un vice de construction ou d'un fait inhérent à la propriété. (Voir *Commentaire*, art. 1733.)

(*j*). Un four et ses éléments sont régis par les mêmes principes que les appareils de chauffage. (Voir *a*, *b*, *c*, *d*.)

(*k*). Un trou fait dans un conduit de cheminée pour y adapter le tuyau d'un appareil établi par le locataire, doit être bouché par celui-ci en matériaux semblables à ceux du conduit [1].

(*l*). Le locataire doit, en fin de jouissance, le nettoyage de tous les appareils de chauffage dont il dispose, tant intérieurement que sur leurs faces externes ; il doit le noircissage ou l'écurage des parties qui comportent ces natures d'opérations.

Maçonnerie.   **XII.** — (*a*). L'expression *recrépiment du bas des murailles*, dans son sens propre, ne présente que de rares applications aux habitations urbaines ; en dehors de certaines locations industrielles elle ne s'applique guère qu'aux constructions rurales. Bien qu'elle vise un travail qui confine aux gros ouvrages, le législateur a pris le soin de l'indiquer comme exemple de réparations locatives ; ceci vient à l'appui des principes énoncés § I. Cette expression de « recrépiment du bas des murailles » doit être étendue à toutes les détériorations superficielles apportées à la maçonnerie et aux matériaux dont celle-ci est revêtue.

(*b*). Ainsi le locataire est tenu de faire boucher en maçonnerie pleine et convenablement raccordée tous les trous qu'il a pu faire pour son usage, dans les murs et cloisons, à quelque hauteur que ce soit.

(*c*). Cependant il n'est pas obligé de faire boucher les trous résultant de la dépose des rideaux, si ces trous ont été pratiqués convenablement et n'ont entraîné aucune dégradation voisine.

(*d*). Non plus que les trous des clous destinés à accrocher des tableaux et autres objets, si les clous ont été enlevés avec précaution.

(*e*). Le locataire qui a scellé des objets pendant la durée de sa location et qui les enlève à l'expiration de ladite — en tant qu'il fasse la preuve que les objets scellés

---

[1] C'est à tort que l'on comprend fréquemment cette nature d'ouvrage au nombre des *réparations locatives*. (Voir § IV, *a* de ce *Commentaire*). C'est en réalité une véritable transformation absolument insolite. Elle ne se rencontre que trop fréquemment et est prohibée par l'*Ordonnance* de police du 1er sept. 1897.

sont sa propriété, la présomption s'établissant sans cela contre lui — doit faire avec soin toutes les reprises et tous les raccords nécessaires pour rendre les lieux dans l'état où ils étaient avant le scellement de ces objets.

(*f*). Mais dans le cas où les descellements intéresseraient la construction même de l'immeuble, le propriétaire pourrait exiger qu'ils fussent faits par ses soins aux frais du locataire. (Voir *Commentaire*, art. 1732, § V.)

(*g*). Le locataire est tenu de la réparation et, s'il est nécessaire, du remplacement des éviers, appuis, marches, seuils, et autres objets analogues, qu'il a pu détériorer, mais il ne répond pas de l'usure.

(*h*). Il est tenu des réparations aux sculptures et pâtes endommagées.

(*i*). La réparation des fentes qui se manifestent dans les plafonds ne peut incomber au locataire, à moins qu'il ne soit prouvé qu'il les a déterminées par une surcharge anormale du plancher.

(*j*). L'art. 1756 mettant à la charge du bailleur le curement ou vidange des fosses d'aisances, le locataire ne peut être tenu pour celles-ci que des détériorations aux tampons et châssis.

Peintures, tentures, dorures, etc.,

XIII. — (*a*). Par assimilation le locataire est aussi tenu de la réparation des peintures, des tentures et des dorures, suivant la nature des lieux loués, le soin apporté à leur décoration et le luxe qu'on y a déployé, le mode et la durée de l'occupation. En principe, cette nature de responsabilité du locataire est inversement proportionnelle au temps pendant lequel a eu lieu l'habitation. Cependant, à cet égard, aucune règle fixe ne serait équitable, et chaque espèce doit être appréciée en elle-même pour ce qu'elle est.

(*b*). Il est tenu suivant la nature des peintures et des tentures, du remplacement de ceux de ces ouvrages qui porteraient des dégradations autres que celles résultant de l'usure ; mais il n'est pas tenu, par exemple, de remplacer une tenture nuancée, parce que certaines parties de sa surface ont été couvertes par des tableaux.

(*c*). Il est tenu de remplacer les parties de baguettes employées comme bordure de papiers qui seraient brisées ; mais il ne saurait, la plupart du temps, être rendu responsable du vernis simulant la dorure, souvent peu solide, de ces baguettes.

(*d*). Le locataire d'un appartement doit rendre les lieux en bon état de propreté, les murs époussetés — même dans les caves — nets de toute ordure ; les glaces, faïences, cuivres, etc., nettoyés.

(*e*). Il est encore tenu de l'entretien de la peinture et des papiers d'armoire, mais toujours en s'inspirant du principe énoncé ci-dessus (*a*) car, par exemple : même après une courte habitation, il ne saurait être responsable de taches de graisse au papier d'une armoire de cuisine.

Pavages, carrelages et sols en général.

XIV. — (*a*). Aux *pavés et carreaux des chambres* que doit entretenir le locataire, il faut assimiler tous les sols en général : dallages en pierre ou en marbre, pavages en mosaïque ou autres, enduits en ciment, asphalte, bitume ou autres matières qui remplissent le même office, que ces sols soient situés à l'intérieur ou qu'ils le soient à l'extérieur, comme ceux des cours, courettes, passages ou trottoirs.

(*b*). Les érosions et les bris doivent être réparés dès qu'ils se produisent.

(*c*). Ce dernier paragraphe fournit un des exemples les plus frappants de la nécessité qu'a parfois le propriétaire de poursuivre l'exécution des réparations locatives au fur et à mesure que l'opportunité s'en manifeste. Des pavés ou carreaux cassés, « s'il y en a seulement quelques-uns », dit l'art. 1754, sont une réparation locative ; or un ou deux carreaux cassés déterminent le décalage de leurs voisins qui se brisent à leur tour, et l'érosion gagne de proche en proche, ainsi une réparation, de locative qu'elle eut dû être, faite en son temps, pourrait devenir, par la négligence du locataire, une réparation de gros entretien à la charge du bailleur, ce qui serait inadmissible.

(*d*) Le locataire est tenu de faire disparaître les taches et dégradations aux frises de parquet, soit au moyen d'un rabotage, soit par tout autre procédé efficace, sinon il doit pourvoir au remplacement de toutes les frises endommagées. Et la réparation par rabotage ne fait pas obstacle à une indemnité de dépréciation proportionnelle à l'intensité de ce rabotage.

(*e*) Les trous de clous provenant de la pose de tapis occasionnent aux parquets une dépréciation proportionnelle à leur nombre.

(*f*) On admet cependant qu'il soit loisible au locataire de placer dans les parquets, pour la pose des tapis, des douilles entaillées, sans indemnité de dépréciation, à la condition que ces douilles soient disposées à l'extrême périphérie de la pièce.

(*g*) Le locataire n'est pas tenu de réparer les aires en plâtre, en raison de la fragilité de cette disposition, à moins qu'il n'y ait abus caractérisé.

(*h*) En fin de jouissance le locataire doit rendre les sols des pièces en bon état de propreté ; lavés ou encaustiqués et frottés suivant la nature d'entretien qu'ils comportent.

(*i*) Ceux des caves doivent être nettoyés et dressés.

Vitrerie.

XV. — (*a*) Par *vitres* que doit remplacer le locataire, il faut entendre tous les vitrages, qu'ils soient en verre ou en glace.

(*b*) Le locataire n'est pas tenu de l'entretien des mastics.

(*c*) Bien que des vitres aient été cassées par la grêle (force majeure), le locataire est encore tenu de les faire remplacer, s'il y a des contre-vents ou des persiennes qu'il a négligé de fermer au moment de l'orage (*Dal.*, c. c. an.).

(*d*) Si des vitres ont été cassées par quelqu'un dont le propriétaire répond ou par un objet projeté de l'extérieur, le locataire n'en est pas responsable ; mais c'est à lui qu'incombe d'apporter la preuve ; tel pourrait, par exemple, être le cas des vitres d'une marquise, brisées par des objets tombés d'étages supérieurs loués à d'autres locataires.

(*e*) Il y a lieu de distinguer des bris ordinaires ceux déterminés par une cause dont le propriétaire répond, tels qu'un tassement, le gonflement d'un parquet de glace, etc., mais dans ce cas, c'est encore au locataire à faire la preuve.

(*f*) Celui-ci n'est pas responsable du bris des vitres causé par une explosion née hors de chez lui.

(*g*) Il doit rendre les vitres lavées.

(*h*) Il est même tenu du nettoyage des châssis de toit s'il lui est possible de l'opérer sans avoir recours à des tiers autres que ses assistants ordinaires. Dans le cas contraire, ce nettoyage doit être opéré par le propriétaire ou par ses soins.

Menuiserie.

XVI. (*a*) Par réparations aux *portes, croisées, planches de cloison ou fermeture de boutiques* dont le locataire est tenu, il faut entendre toutes celles à faire aux menuiseries, aussi bien de l'habitation que de ses dépendances telles que communs, débarras, hangars, etc.

(*b*) Le locataire est tenu de remplacer toute partie de menuiserie qu'il a détériorée ou qu'il a fait couper, entailler ou percer ; par exemple, un bâti de porte dans lequel il a fait pratiquer un trou pour y placer un verrou de sûreté, un panneau dans lequel il a pratiqué un guichet, le devant d'une mangeoire rongée par un cheval vicieux, etc.

(*c*) Au contraire, à une moulure clouée qui serait détériorée ou entaillée, il pourrait simplement rapporter une pièce ajustée.

(*d*) Il n'est pas tenu de remplacer une traverse de porte diminuée en raison de l'épaisseur d'un tapis ; il peut se borner à rapporter une tringle vissée et raccordée.

(*e*) La nomenclature des objets de menuiserie que le locataire est tenu de réparer ou de remplacer est considérable ; on peut citer en outre des *portes, croisées, planches de cloison ou de fermeture de boutiques*, les châssis, volets, lambris, trappes, tablettes, porte-manteaux, coffres, armoires, moulures, baguettes, stalles d'écurie, bat-flancs, mangeoires, râteliers, porte-selles ou harnais, barrières, palissades, etc., etc.

(*f*) Quant à la forme à donner à la réparation, elle varie avec chaque espèce et l'on pourra suivant les cas se reporter aux exemples cités ci-dessus *b*, *c*.

(*g*) Le locataire est tenu du remplacement des lames de persiennes ou de jalousies, brisées ou faussées (et de la peinture qu'elles comportent), il est en outre tenu pour les jalousies du remplacement des cordes, chaînettes et rubans rompus, du graissage et du remplacement des poulies.

(*h*) Il n'est pas tenu des jeux à donner aux menuiseries par suite de tassement ou de gonflement des bois.

Quincaillerie.

XVII. — (*a*) Par réparations aux *gonds, targettes et serrures*, dont le locataire est tenu, il faut entendre celles à faire aux objets de quincaillerie mis à sa disposition, il doit donc remplacer toutes les menues pièces de serrurerie, fixes ou mobiles, dès qu'elles sont cassées ou perdues.

(*b*) La nomenclature des objets de serrurerie cassés ou perdus que le locataire est tenu de réparer ou de remplacer est considérable, on peut citer, en outre des *gonds, targettes ou serrures :* les charnières, fiches, paumelles, verrous, loquets, loqueteaux, crochets, espagnolettes, crémones et leurs conduits, les becs-de-cane, gâches, cadenas, clefs, poignées, boutons de manœuvre et boutons de tirage, les ressorts, barres, fléaux, boulons, goupilles, pattes et supports, les ferrures des stalles, bat-flancs, râteliers et mangeoires, celles des stores et sonnettes à tirage et leurs accessoires, etc., etc.

(*c*) Le locataire est tenu de la réparation à la toile métallique d'un garde-manger ou de son remplacement.

(*d*) Il est également tenu du graissage et du remplacement des menues pièces usées d'une fermeture métallique, d'un ascenseur ou d'un monte-charge (dont il a seul l'usage).

(*e*) Il est encore tenu des réparations aux barres d'appui des croisées, aux poulies, aux grillages de fer ou de laiton.

(*f*) Mais aux balcons de fer ou de fonte et aux grilles, abstraction faite, pour les grilles ouvrantes, des organes qui assurent leur mobilité ou leur fermeture (voir *b*), il ne doit, en outre des dégâts qu'il a commis, que les très menues réparations telles, par exemple, que le rattachement d'un rinceau ou le remplacement d'un pontet.

(*g*) Il est tenu, aux pièces de serrurerie, des jeux de minime importance, à la condition qu'ils ne nécessitent pas le démontage de ces pièces ou ne proviennent pas de tassement.

Plomberie, électricité.

XVIII. — (*a*) Par analogie aux objets de menuiserie et de serrurerie, cités à l'art. 1754, le locataire est tenu d'entretenir et de réparer tous les objets de plomberie, de fontainerie et autres destinés à la distribution de l'eau, du gaz, de l'électricité et de la force motrice, ainsi que les appareils téléphoniques, en tant que ces objets soient situés dans les lieux loués et que le locataire en ait seul la jouissance.

(*b*) Parmi les nombreux objets qui concourent à la distribution, à l'usage et à l'évacuation de l'eau et que le locataire a l'obligation d'entretenir, il convient de citer les compteurs, canalisations, réservoirs, fontaines et jets d'eau ; les lavabos, baignoires, appareils d'hydrothérapie, timbres d'office, cuvettes ménagères ou autres, et les postes d'eau ; les crapaudines, gargouilles, caniveaux, siphons, grilles, tampons et regards, etc., etc.

(*c*) Le locataire est tenu de l'entretien d'un robinet. Cet objet fournit un exemple topique de la nature de réparations que doit le locataire : le remplacement d'un cuir, un rodage à faire, lui incombent, mais si un robinet, déjà plusieurs fois rodé, ne peut plus l'être à nouveau, c'est le propriétaire qui est tenu de le remplacer.

(*d*) Le locataire est encore tenu de l'entretien, du nettoyage et de la réparation de la cuvette d'un siège d'aisances, quel qu'en soit le système ; mais le propriétaire doit faire les réparations nécessitées par la rouille ou l'oxydation et par l'usure du mécanisme intérieur, s'il en existe un.

(*e*) Dans une pompe, le locataire est tenu de l'entretien du piston, de la tringle, du balancier et de la goupille, il est tenu en outre de graisser et d'amorcer cette pompe.

(*f*) Dans les lieux loués il est tenu de réparer les fuites qui peuvent se produire, et d'opérer les dégorgements des canalisations dont il use.

(*g*) Il répond de tous les engorgements dont il est la cause.

(*h*) Il est responsable des effets de la gelée sur les appareils qu'elle peut détériorer : canalisations, siphons, tuyaux, réservoirs, etc., c'est à lui qu'il appartient de prendre les précautions nécessaires pour éviter les accidents.

(*i*) Le locataire d'une maison entière est tenu du nettoyage des gouttières et chéneaux ainsi que des terrasses ; mais rien ne lui incombe de la couverture proprement dite.

(*j*) Il est tenu, pour les paratonnerres, de l'entretien de tous les organes, à l'exception de ceux auxquels il ne peut aisément accéder.

(*k*) En cas de fuites, pertes d'eau et engorgements, le locataire peut être tenu à la réparation de tous les dommages qu'ils ont causés, — chez lui et chez ses voisins, — et encore à des dommages-intérêts en raison de la dépense d'eau intempestive.

(*l*) Le locataire est tenu d'entretenir et de réparer les compteurs, tuyaux, siphons, robinets et appareils à gaz ; il doit faire dégorger les dépôts de naphtaline qui peuvent se former, graisser les robinets, épingler les becs, etc., il est responsable des fuites et autres dégradations qui peuvent survenir.

(*m*) L'entretien des robinets à gaz lui incombe dans les mêmes conditions que celui des robinets à eau (*c*).

(*n*) L'entretien et le remplacement de tout ce qui concourt au fonctionnement des sonnettes électriques incombe au locataire : tels sont les piles, fils, boutons, tableaux indicateurs, sonnettes, etc.

(*o*) Il en est de même de ce qui concourt au fonctionnement des téléphones : piles, fils et appareils.

(*p*) Le locataire est tenu d'assurer le bon fonctionnement des horloges en les faisant remonter, huiler et nettoyer toutes les fois qu'il est nécessaire.

Objets étrangers aux catégories ci-dessus.   **XIX.** — De nombreux objets qui ne rentrent pas directement dans les catégories sus-énoncées peuvent encore donner lieu à des réparations dont le locataire est tenu. Les paragraphes suivants traitent de ceux qui se rencontrent le plus fréquemment.

Objets divers extérieurs aux habitations.

XX. — (*a*) A l'extérieur : aux bornes et chasse-roues, le locataire est tenu des bris et descellements.

(*b*) Aux auges, vasques, bassins, bancs, vases et objets analogues, il est tenu des détériorations qu'il a pu commettre et des effets de la gelée.

(*c*) Le locataire est tenu des dégradations qu'il a pu faire à la margelle d'un puits et de l'entretien des joints de la maçonnerie, depuis l'orifice du puits jusqu'à un mètre en contre-bas du sol, il est tenu également de l'entretien des accessoires servant au puisage (voy. *Commentaire*, art. 1756, *c*).

(*d*) A un puisard, le locataire n'est tenu que de l'entretien et du scellement de la grille garnissant l'orifice ; à un trou à un fumier l'entretien des trappes et des enduits lui incombe.

(*e*) Il est tenu de faire curer et d'entretenir une citerne en bon état de propreté ; les menues réparations à apporter aux joints des tuyaux d'adduction, de tropplein et de puisage, ainsi qu'aux vannes et émissaires d'évacuation de l'eau lui incombent également.

(*f*) En dehors des dégradations qu'il a pu commettre, le locataire n'est tenu, aux balcons, perrons et bordures de trottoirs, que des réparations de menu entretien, telles que jointoiements, émoussage, brèches, épaufrures, dont certaines, si elles n'étaient faites en temps utile, pourraient entraîner de grosses réparations (voy. § XIV de ce *Commentaire*).

(*g*) Le locataire est tenu, en fin de jouissance, de faire disparaître toutes traces des inscriptions qu'il a fait peindre ou poser pour son usage personnel. Il doit faire tous les raccords nécessités par l'enlèvement de ces inscriptions (voy. *Commentaire*, art. 1732, § II).

(*h*) Un ponceau n'impose au locataire que les réparations de menu entretien notamment au sol et au parapet.

Jardins.

XXI. — (*a*) Le locataire est tenu de maintenir les jardins en bon état ainsi que d'entretenir leurs arbres et arbustes. Il doit remplacer ceux qui viendraient à mourir pendant sa location.

(*b*) Le maintien en bon état d'un jardin d'agrément comprend le sablage des allées et la mise en état des parterres, plates-bandes, bordures et gazons. Pour un jardin maraîcher, ce maintien en bon état comprend le labourage et le dressage des terres, l'enlèvement des pierres, gravois et ordures.

(*c*) Le maintien d'un jardin comprend encore, outre l'entretien des haies et taillis, la taille, l'arrosage, l'échenillage des arbres et arbustes, leur paillage à l'entrée de l'hiver en raison de leur essence, le palissage des vignes et espaliers.

(*d*) Le locataire ne peut emporter les arbres et arbustes qu'il a plantés, mais le propriétaire doit lui en payer la valeur à moins qu'il ne préfère les laisser enlever par le locataire.

(*e*) Le locataire est tenu de l'entretien de tout chemin ou passage dont il a l'usage exclusif, suivant la nature du sol, ainsi que de l'entretien des haies, palis, treillages ou grillages clôturant ce chemin.

(*f*) Il est tenu de veiller à l'écoulement des eaux dans les fossés dont il a la jouissance exclusive, ainsi qu'au curage et au désherbage de ces fossés, il doit, de plus, en entretenir les berges bien dressées.

(*g*) Le locataire qui a la jouissance exclusive d'un étang, est tenu du curage et du désherbage de cet étang, il doit en maintenir l'empoissonnement dans l'état où il l'a reçu.

(*h*) Quant aux treillages, portiques de treillage, berceaux, etc., le locataire est tenu des mêmes réparations, telles que les rattaches ou les remplacements de fragments tombés ; il est bien tenu aussi de réparer ce qui a été cassé par violence de son fait, mais non ce qui a été dégradé par les intempéries ou par un long usage.

Meubles.

XXII. — (*a*) Quand une habitation a été louée avec des meubles ou ustensiles la garnissant ou seulement avec certains objets qui, sans y être attachés à perpétuelle demeure, accompagnent la location et en augmentent la jouissance ou l'exploitation, le locataire est tenu de l'entretien de ces objets, il doit les rendre en bon état. A défaut d'un inventaire mentionnant leurs dégradations, il est présumé les avoir reçus en bon état. Si le propriétaire a intérêt à dresser cet inventaire pour constater l'existence des objets, le locataire a non moins intérêt à en constater l'état.

(*b*) Le locataire est tenu de la conservation des œuvres d'art, tableaux, statues, etc., qui dépendent de la location.

(*c*) Il est tenu de l'entretien d'une porte battante en tapisserie, il la doit rendre sans taches, accrocs ou découtures.

(*d*) Le locataire exclusif est tenu de l'entretien des tapis d'escaliers.

(*e*) Certains objets mobiliers peuvent exiger de la part du locataire des travaux d'entretien ; ainsi il devra remplacer une planche qui viendrait à manquer dans une caisse à fleurs et en rajuster les cercles. Il devra en cours de jouissance la repeindre ; il en sera de même d'un banc de jardin.

Machines.

XXIII. — (*a*) Le locataire est tenu de l'entretien de tous les engins mobiles dépendant d'un moulin, quelle que soit la nature de ce moulin (*Lebègue*, traité des réparations).

(*b*) Les machines doivent être rendues dans l'état où elles ont été livrées, à moins qu'il ne s'agisse d'une pièce très importante, d'une pièce de longue durée, « en grosse matière dont le renouvellement fait époque et qui pèse comme une charge extraordinaire sur la chose » (voy. note, art. 606, arrêt du président de Lamoignon), ainsi par exemple, pour les machines à vapeur, lorsque la chaudière après avoir fait tout le service que l'on devait en attendre est à changer, sans qu'il y ait eu abus de jouissance, il est admis que la réparation incombe au propriétaire. Il en est de même pour les meules de moulin (*Ibidem*).

Construction érigée sur le terrain d'autrui.

XXIV. — Le locataire qui a fait édifier une construction sur le terrain d'autrui et qui en opère la démolition à l'expiration de sa jouissance, est tenu de boucher les trous, d'enlever les gravois, de niveler le sol, de faire enfin tout le nécessaire pour rendre les lieux dans l'état où il les a reçus.

Disposition pour faciliter les recherches.

XXV. — Afin de faciliter les recherches, il a été ci-dessous dressé, par ordre alphabétique une table spéciale des différents objets qui peuvent donner lieu à des réparations locatives ou qui, au contraire, n'en sont pas susceptibles. Chaque nom est accompagné de renvois aux paragraphes de ce *Commentaire*. L'énumération de ces objets est nécessairement incomplète, elle ne saurait, en effet, les comprendre tous et ne contient même que ceux cités plus haut ; elle se réfère néanmoins à un assez grand nombre d'exemples pour que, dans l'immense majorité des cas, on puisse conclure par analogie.

XXVI. —

Abus I *b*, XIV *g*.
Accessoire XI *b*.
Accident XVIII *h*.
Accroc XXII *c*.
Addition VII.
Agrafe XI *d*.
Aire en plâtre XIV *g*.
Ajournement I *d*.
Allée XXI *b*.
Amélioration VII.
Amorçage XVIII *e*.
Appareil à eau XVIII *a, b, h*.
Appareil à gaz XVIII *l*.
Appareil d'aisance XVIII *d*.
Appareil de chauffage XI *a, l*.
Appareil d'hydrothérapie XVIII *b*.
Appareil téléphonique XVIII *a, o*.
Appareil tubulaire XI *b*.
Appui XII *g*.
Arbre XXI *a, c, d*.
Arbuste XXI *a, c, d*.
Armoire XIII *e*, XVI *e*.
Arrosage XXI *c*.
Ascenseur XVII *d*.
Asphalte XIV *a*.
Atre XI *a*, art 1754.
Auge XX *b*.
Auvent XV *d*.
Baguette XIII *c*, XVI *e*.
Baignoire XVIII *b*.
Balancier de pompe XVIII *e*.
Balcon XVII *f*, XX *f*.
Banc XX *b*, XXII *e*.
Barre XVII *b*.
Barre d'appui XVII *e*.
Barrière XVI *e*.
Bas de muraille XII *a*, art 1754.
Bassin XI *b*, XX *b*.
Bat-flanc XVI *e*, XVII *b*.
Bâti XVI *b*.
Bec de gaz XVIII *l*.
Bec-de-cane XVII *b*.
Berceau XXI *h*.
Berge XXI *f*.
Bitume XIV *a*.
Bordure de glace XII *h*, XIII *a*.
Bordure de trottoir XX *f*.
Bordure de plate-bande XXI *b*.
Borne XX *a*.

Bouche de chaleur XI *b*.
Bouchement XII *b*.
Boulon XVII *b*.
Bouton XVII *b*, XVIII *n*.
Bouton de tirage XI *b*, XVII *b*.
Brèche XX *f*.
Brique XI *b*.
Bris XI *e*, XIV *a*, XV *e, f*, XX *a*.
Cadenas XVII *b*.
Cadre de glace XII *h*, XIII *a*.
Caisse à fleurs XXII *e*.
Calorifère XI *a, b, f*.
Calorifère à vapeur ou à eau XI *f*.
Canalisation VII, XVIII *b, f, h, l*, XX *e*.
Caniveau XVIII *b*.
Carreau XIV *a, c*, art. 1754.
Carreau de faïence XI *b*.
Carrelage XI *b*, XIV *a, c*, art. 1754.
Cave XIII *d*, XIV *i*.
Ceinture d'appareil de chauffage XI *d*.
Cendrier XI *b*.
Cercle de caisse XXII *e*.
Chaînette XVI *g*.
Chambranle de cheminée XI *a*, art. 1754.
Charnière XVII *b*.
Chasse-roue XX *a*.
Châssis XVI *e*.
Châssis de fosse XII *j*.
Châssis de toit XV *h*.
Chaudière XXIII *b*.
Cheminée XI *a, k*, art. 1754.
Chemin XXI *e*.
Chéneau XVIII *i*.
Ciment XIV *a*.
Citerne XX *e*.
Clef XI *b*, XVII *b*.
Cloche d'appareil de chauffage XI *b*.
Cloison XII *b*.
Clou XII *d*, XIV *e*.
Coffre XVI *e*.
Compétence IV *c*.
Compteur XVIII *b, l*.
Conduit de cheminée XI *k*.
Conduit de crémone XVII *b*.
Contre-cœur XI *a*, art. 1754.
Contrevent XV *c*.
Construction sur terrain d'autrui XXIV.
Coquille de rideau XI *b*.
Corde de jalousie XVI *g*.

Tringle XVI *d*, XVIII *e*.
Trop-plein XX *e*.
Trottoir XIV *a*, XX *f*.
Trou XII *b*, *c*, *d*, XIV *e*, XVI *b*, XXIV.
Trou à fumier XX *d*.
Trou pour poêle XI *k*.
Tuyau XVIII *b*, *f*, *h*, *l*, XX *e*.
Tuyau de cheminée XI *k*.
Tuyau unitaire XI *h*.
Usage I *c*, XII *d*, XX *g*, XXI *e*, *h*.
Usage commun à plusieurs V *a*, *c*.
Ustensile XXII *a*.
Usure XII *g*, XIII *b*, XVIII *d*.
Vanne XX *e*.

Vase XX *b*.
Vasque XX *b*.
Vermine I *d*.
Vernis XIII *c*.
Verrou XVI *b*, XVII *b*.
Vétusté VI, art. 1754, 1755.
Vice de construction XI *i*, art. 1755.
Vice de la matière VI, XI *i*, art. 1755.
Vidange XII *j*, art. 1756.
Vigne XXI *c*.
Vitrage XVI *a*.
Vitre I *d*, XV *a*, *c*, *d*, *f*, *g*, art. 1754.
Volet XVI *e*.

1755. — **Aucune des réparations réputées locatives n'est à la charge des locataires, quand elles ne sont occasionnées que par vétusté ou force majeure.**

Civ. 1730 à 1732, 1754.
Cass. 3 janv. 1877.

Vice de la matière ou de construction. I. — (*a*) Le locataire est également affranchi de l'obligation des réparations quand la dégradation provient du vice de la matière. (*Dal.* c. c. an.)

(*b*) Ou d'un vice ou d'un défaut de construction. (*Bruxelles*, 7 mai 1834.)

Preuve. II. Lorsque le locataire prétend que les dégradations proviennent soit de vétusté ou de force majeure, soit d'un vice de construction ou de la matière, c'est à lui à en faire la preuve.

1756. — **Le curement des puits et celui des fosses d'aisances sont à la charge du bailleur, s'il n'y a clause contraire.**

Exception. (*a*) L'art. 1756 excepte de la règle qu'il pose le cas où il y aurait clause contraire; il faut excepter aussi le cas où l'*usage* est contraire, cela résulte de la combinaison de l'art. 1756 avec l'art. 1754. (*Dal.* c. c. an.)

(*b*) Il faut encore excepter : pour une fosse, le cas où un locataire aurait contribué à son emplissement par des projections abusives.

(*c*) Pour un puits, le cas où il serait pollué par le fait du locataire.